ORDONNANCE DU ROI,

Pour entretenir le régiment Suiſſe de Hallwyl au ſervice de la Marine.

Du premier Septembre 1752.

DE PAR LE ROI.

SA MAJESTE' ayant eſtimé néceſſaire de faire quelques changemens par rapport à la conſtitution du régiment Suiſſe entretenu au ſervice de la Marine, Elle ſe ſeroit fait repréſenter les ordonnances qu'Elle auroit rendues pour l'entretien dudit régiment, les 15 juin & 19 octobre 1721, 19 mai, 3 août & 28 ſeptembre 1722, 8 février 1723, 5 février 1726, 10 juillet & 9 octobre 1731, premier janvier 1733 & 13 ſeptembre 1734. Et voulant expliquer ſes intentions, tant ſur le nombre d'hommes & de compagnies dont

Elle entend que ledit régiment ſoit compoſé à l'avenir, que pour le traitement qui doit être fait au ſieur Chevalier de Hallwyl qui en eſt actuellement Colonel à la place du feu ſieur Karrer, Sa Majeſté a ordonné & ordonne ce qui ſuit.

ARTICLE PREMIER.

LE régiment Suiſſe de Hallwyl continuera d'être employé pour le ſervice de la Marine, ſoit dans les Colonies ou ailleurs; & ſera dorénavant compoſé de cinq compagnies, dont deux ſeront détachées à Saint-Domingue, une à la Martinique, une à la Louiſiane; & une autre, qui ſera la Colonelle, reſtera en France.

II.

CHAQUE compagnie ſera compoſée de deux cens hommes, les Officiers compris; Sa Majeſté permet néanmoins au ſieur Chevalier de Hallwyl de porter celle qui reſtera en France à trois cens hommes, les Officiers auſſi compris. Et pour lui faciliter les moyens de pourvoir aux envois de recrues qu'il aura à faire auxdites Colonies dans le courant de la préſente année & de l'année prochaine, Elle lui permet de plus, pour ledit temps ſeulement, de porter ladite compagnie juſqu'à quatre cens cinquante hommes; de manière qu'à compter du premier janvier 1754, elle ne puiſſe pas être portée au-delà dudit nombre de trois cens hommes.

III.

LA compagnie Colonelle tiendra garniſon à Rochefort, & ſes Officiers conſiſteront audit ſieur Chevalier de Hallwyl Colonel, un Major, un Aumônier, deux Capitaine-lieutenans, deux Lieutenans, deux Sous-lieutenans, deux Enſeignes; & il y aura dans ladite compagnie douze Sergens, dix-huit Caporaux, quatre Trabans, un Tambour-major, ſix Tambours & deux Fifres: & le Colonel & le Major dudit régiment ſeront de la religion Catholique, Apoſtolique & Romaine.

I V.

Les Officiers de la ſeconde compagnie dudit régiment, ainſi que ceux de la troiſième, quatrième & cinquième, conſiſteront pour chacune, en deux Capitaine-lieutenans, deux Lieutenans, deux Sous-lieutenans, deux Enſeignes; & il y aura auſſi dans chacune deſdites quatre compagnies, huit Sergens, douze Caporaux, quatre Trabans & quatre Tambours.

V.

Il y aura dans chacune deſdites cinq compagnies, un Frater, qui ſera compris dans le nombre des Soldats; & dans les deuxième, troiſième, quatrième & cinquième compagnies, un Fifre, qui ſera pareillement compris dans le nombre des Soldats.

V I.

Les cinq compagnies dudit régiment ſeront compoſées de Suiſſes & des autres nations admiſes dans les troupes Suiſſes qui ſont à la ſolde de Sa Majeſté en France, ſans qu'il puiſſe y être admis aucuns ſujets de Sa Majeſté.

V I I.

Dans les remplacemens ou vacances de places d'Officiers dans ledit régiment, le ſieur Chevalier de Hallwyl ſera tenu de propoſer les Officiers pour être agréés par Sa Majeſté; bien entendu qu'il n'en propoſera que de capables: & il ſera fait par Sa Majeſté auxdits Officiers, quand ils l'auront mérité par leurs ſervices, les mêmes graces qu'Elle accorde aux Officiers des autres régimens Suiſſes qui ſont à ſon ſervice.

V I I I.

Il ſera libre audit ſieur Chevalier de Hallwyl, de faire aux Soldats deſdites compagnies, tel engagement qu'il jugera à propos, ſuivant ce qui eſt en uſage dans les troupes Suiſſes.

I X.

Il ſera payé des fonds de Sa Majeſté, audit ſieur Chevalier

de Hallwyl, par les Tréforiers généraux des Colonies, chacun en l'année de fon exercice, feize livres par mois pour chacun homme fervant dans ledit régiment; favoir, pour les Soldats qui compoferont la compagnie Colonelle fervant en France, fur les ordonnances qui en feront expédiées par l'Intendant de la Marine à Rochefort: & pour les compagnies détachées dans les différentes Colonies, le payement en fera fait fur les ordonnances qui en feront expédiées par les Intendans ou Commiffaires ordonnateurs defdites Colonies, en conféquence des décomptes refpectifs de chaque compagnie, qui en feront par eux arrêtés.

X.

Les payemens qui fe feront auxdites Colonies, en exécution de l'article précédent, y feront faits en la monnoie ayant cours dans chacune d'icelles, aux Officiers chargés des pouvoirs dudit fieur Chevalier de Hallwyl, lefquels en fourniront leurs quittances en la forme prefcrite. Comme lefdits payemens excéderont le montant des appointemens & de la folde que ledit fieur Chevalier de Hallwyl aura à faire payer aux Officiers & Soldats détachés auxdites Colonies, & que cet excédant devra être remis audit fieur Chevalier de Hallwyl par lefdits Officiers chargés de fes pouvoirs, Sa Majefté, en cas de perte ou prife des bâtimens fur lefquels ces remifes feront faites en efpèces, en tiendra compte audit fieur Chevalier de Hallwyl; à l'effet de quoi il fera dreffé procès-verbal de l'embarquement defdites efpèces, dans la forme qui fera réglée ci-après pour l'embarquement des hardes que ledit fieur Chevalier de Hallwyl aura à envoyer de France aux Colonies. Sa Majefté lui fera payer auffi tous les mois en France, fur les ordonnances de l'Intendant de Rochefort, une fomme de quatre cens cinquante livres par compagnie détachée dans lefdites ifles de la Martinique & Saint-Domingue, pour le dédommager de la différence en valeur des efpèces ayant cours dans lefdites ifles, & de l'argent de France.

XI.

Les feize livres par mois pour chacun homme, ne feront payées que pour les effectifs, fuivant les revûes qui en feront faites; & cependant, attendu que les cinq compagnies dudit régiment feront compofées d'un plus grand nombre d'Officiers que les autres compagnies Suiffes qui font au fervice de Sa Majefté, il fera payé audit fieur Chevalier de Hallwyl, en France, & fur les ordonnances de l'Intendant de Rochefort, deux cens vingt payes de gratification, à raifon de quatre-vingt payes pour la compagnie Colonelle, & de trente-cinq payes pour chacune des quatre autres compagnies, & fur le pied de feize livres par chaque paye; bien entendu que lefdites compagnies feront entretenues complètes, & qu'à mefure qu'il manquera des Soldats dans les Colonies, le fieur Chevalier de Hallwyl aura foin d'y en faire paffer le nombre fuffifant pour les compléter, fur les ordres qui lui en feront donnés par le Secrétaire d'état ayant le département de la Marine: & dans le cas où la compagnie Colonelle fe trouveroit au deffous de cent cinquante hommes, il ne fera payé pour ladite compagnie, que cinquante-quatre payes de gratification, & le nombre des effectifs en fera arrêté chaque mois.

XII.

Les recrues qui feront faites pour les compagnies fervant dans les Colonies, ne feront nombre que dans la compagnie Colonelle, & à compter du jour de leur arrivée à Rochefort. Feront pareillement nombre dans ladite compagnie, les Soldats des compagnies fervant aux Colonies, congédiés, jufqu'au jour que leur folde aura ceffé.

XIII.

Les Officiers des compagnies feront paffés préfens pendant le temps de leur abfence par congé; mais lorfque le terme de leur congé fera expiré, il fera déduit huit payes pour le Major, pareille nombre de payes pour le Capitaine-lieutenant, six payes pour le Lieutenant, quatre payes pour le Sous-lieutenant, trois payes pour l'Enseigne, & deux payes pour l'Aumônier.

XIV.

Il sera payé année par année, audit sieur Chevalier de Hallwyl, par lesdits Trésoriers généraux des Colonies, sur les ordonnances de l'Intendant de la Marine à Rochefort, la somme de sept cens cinquante livres par chacune compagnie dudit régiment, pour servir d'étape aux recrues desdites compagnies, & une somme de sept cens livres pour le loyer d'un magasin à Rochefort, à l'effet d'y mettre les habits, armes & hardes des compagnies dudit régiment.

XV.

Il sera payé audit sieur Chevalier de Hallwyl, sur une ordonnance particulière de l'Intendant de Rochefort, par le Trésorier général des Colonies en exercice la présente année, une somme de sept mille cinq cens livres pour tous frais de levée & d'étape des hommes nécessaires pour l'augmentation à faire dans ledit régiment, pour le mettre sur le pied ci-dessus desdites cinq compagnies.

XVI.

L'exploitation dudit régiment sera pour le compte dudit sieur Chevalier de Hallwyl, à compter du jour de la mort dudit feu sieur Karrer dernier Colonel; & ce, sur le pied desdites ordonnances du 9 octobre 1731, premier janvier 1733 & 13 septembre 1734, qui ont été exécutées à l'égard dudit sieur Karrer, jusqu'au premier du présent mois que doit seulement commencer le traitement fixé par la présente ordonnance; & ledit sieur Chevalier de Hallwyl sera tenu en conséquence, d'acquitter les dettes qui se trouveront avoir été contractées pour l'entretien dudit régiment, depuis la mort dudit sieur Karrer.

XVII.

Les compagnies & détachemens destinés pour les Colonies,

ſeront paſſés *gratis* ſur les vaiſſeaux de Sa Majeſté, & pendant la traverſée ils auront la ſubſiſtance aux dépens de Sa Majeſté, comme les troupes françoiſes; & pareil paſſage avec la ſubſiſtance, ſera donné *gratis* ſur les mêmes vaiſſeaux de Sa Majeſté, à quelques-unes des femmes des Soldats qui ſeront mariés & qui tiendront garniſon dans leſdites Colonies, en ſorte cependant qu'il ne ſe trouve pas plus de ſix femmes à la ſuite de chacune deſdites compagnies ſervant aux Colonies, quatre femmes à la ſuite du détachement compoſé de cent cinquante hommes, & trois femmes à la ſuite de celui compoſé ſeulement de cent hommes; & il ſera payé des fonds de Sa Majeſté à chacune deſdites femmes, la ſomme de quarante-cinq livres avant leur départ, par les Tréſoriers généraux des Colonies, chacun en l'année de leur exercice, ſur les ordonnances de l'Intendant du port de Rochefort.

XVIII.

Il ſera donné le fret *gratis* ſur les vaiſſeaux de Sa Majeſté, pour l'habillement, armes & hardes qui ſeront néceſſaires aux compagnies & détachemens ſervant dans les Colonies; & le ſieur Chevalier de Hallwyl ſera tenu de remettre à l'Intendant de Rochefort, lors de chaque envoi qu'il aura à faire dans les Colonies, l'état certifié de lui, des hardes, armes & uſtenſiles qu'il aura à y faire paſſer.

XIX.

Il ſera dreſſé procès-verbal de l'embarquement dudit habillement, armes & hardes; & en cas de perte, Sa Majeſté les remplacera audit ſieur Chevalier de Hallwyl.

XX.

Il ſera donné dans leſdites Colonies, aux Officiers dudit régiment commandant les compagnies & détachemens y ſervant, un magaſin convenable pour y mettre les armes, hardes & habillemens des compagnies & détachemens dudit régiment qui y tiendront garniſon; & en cas que leſdits magaſins n'appartiennent pas à Sa Majeſté, les loyers en ſeront payés de ſes deniers, ſuivant la convention qui en aura été faite par l'Intendant ou Commiſſaire ordonnateur, & les ordonnances qui en ſeront par eux expédiées à cet effet.

X X I.

Il ſera fourni des magaſins de Sa Majeſté aux compagnies & détachemens qui ſerviront dans les Colonies, les mêmes vivres qui ſeront fournis aux Soldats françois, & au même prix réglé ci-devant, lequel ſera retenu audit ſieur Chevalier de Hallwyl, ſur les ſeize livres qui leur ſeront payées par Soldat; & attendu que les Officiers font nombre d'hommes dans leſdites compagnies, il ſera libre à chacun d'eux de prendre une ration comme le Soldat, & au même prix, lequel ſera retenu ainſi qu'il eſt dit ci-deſſus.

X X I I.

Les Soldats des compagnies dudit régiment, malades ou bleſſés, qui voudront être traités dans les hôpitaux de la Marine ou des Colonies, continueront d'y être reçûs par les ordres de l'Intendant ou du Commiſſaire qui y eſt prépoſé.

X X I I I.

Il ſera retenu audit ſieur Chevalier de Hallwyl, ſur la ſolde dudit régiment, pour chacun Soldat qui ſera malade dans l'hôpital de Rochefort, la même ſolde par jour qui eſt retenue pour chaque Soldat des compagnies de Marine malade audit hôpital.

X X I V.

Il ſera auſſi retenu audit ſieur Chevalier de Hallwyl, pour les Soldats dudit régiment qui ſeront malades dans les hôpitaux des colonies de Saint-Domingue & de la Martinique, la ration en farine qui auroit dû être délivrée des magaſins de Sa Majeſté auxdits Soldats; & leſdites rations ſeront remiſes auxdits hôpitaux, auxquels ledit ſieur Chevalier de

Hallwyl

Hallwyl payera en outre deux ſols par jour pour chaque Soldat dudit régiment qui aura été traité auxdits hôpitaux.

XXV.

Il ſera retenu audit ſieur Chevalier de Hallwyl pour les Soldats dudit régiment qui ſeront en garniſon à la Louiſiane, & qui ſeront traités à l'hôpital dudit lieu, la même choſe en vivres & argent, qui ſera retenue pour les Soldats des troupes françoiſes qui y ſeront en garniſon, & qui ſeront traités dans le même hôpital.

XXVI.

Il ſera libre aux Officiers des compagnies dudit régiment, de ſe marier & de s'établir dans les Colonies où ils tiendront garniſon, après en avoir pris la permiſſion du Gouverneur Lieutenant général, ou du Gouverneur particulier commandant en ſon abſence, laquelle lui ſera demandée par l'Officier y commandant les troupes Suiſſes; & ladite permiſſion leur ſera accordée en cas que le parti qu'ils trouveront leur ſoit avantageux.

XXVII.

La juſtice ſera exercée dans ledit régiment comme elle l'a été juſqu'à préſent, ſur le même pied qu'elle eſt adminiſtrée dans les troupes Suiſſes qui ſont à la ſolde de Sa Majeſté; ſeront cependant tenus les Commandans des compagnies détachées dans les Colonies, de rendre compte aux Gouverneurs ou Commandans dans leſdites Colonies, de tous délits militaires & autres, & des jugemens qui ſeront rendus, même des punitions qui pourront être ordonnées pour les fautes qui ne demanderont pas un jugement; & quant aux délits dans leſquels les habitans deſdites Colonies ſe trouveront impliqués, ainſi que par rapport à toutes actions civiles, tant en demandant qu'en défendant, la connoiſſance en appartiendra aux Juges des lieux.

XXVIII.

Il ſera donné par les Gouverneurs & Intendans, des

conceſſions de terres dans les lieux où il y en aura encore à donner, aux Soldats qui voudront s'établir après l'expiration de leur engagement, dans les Colonies où ils auront tenu garniſon; & il ſera payé des deniers de Sa Majeſté, à ceux qui ſe marieront, en s'établiſſant, pour les mettre en état de commencer leur établiſſement & la culture de leurs terres, une ſomme de trois cens livres, à raiſon de cent livres par an, pendant les trois premières années de leur établiſſement, à la fin de chaque année.

XXIX.

Les Soldats qui ne voudront pas ſe faire habitans après l'expiration de leur engagement, ſeront repaſſés en France *gratis,* ſur les vaiſſeaux de Sa Majeſté, & leur ſolde leur ſera payée pendant leur retour, & un mois après qu'ils auront débarqué; laquelle ſolde, ainſi que celle qui pourroit être donnée d'avance aux Soldats qui ſeront envoyés dans les Colonies, ſera imputée ſur la compagnie Colonelle.

XXX.

Les Officiers & Soldats dudit régiment, qui deviendront par leurs bleſſures ou leur invalidité, hors d'état d'y continuer leurs ſervices, ſeront admis au nombre des Invalides de la Marine, ainſi & de même que ceux des troupes entretenues dans la Marine & dans les Colonies.

XXXI.

Les Soldats détachés dans les Colonies, auront la liberté de porter leurs plaintes au Commiſſaire qui les paſſera en revûe, ſur les différens objets dans leſquels ils ſe croiront lézés, ſoit par rapport à leur ſolde, à leur ſubſiſtance ou autrement; & pour cet effet le Commiſſaire, lors de ſa revûe, fera battre un ban pour en prévenir les Soldats: & ſur le compte qui ſera rendu deſdites plaintes par les Gouverneurs, Commandans, Intendans ou Commiſſaires ordonnateurs, il ſera ordonné par Sa Majeſté ce qu'il appartiendra. Mande & ordonne Sa Majeſté à Monſ. le Prince de Dombes Colonel général des Suiſſes & Griſons qui ſont à ſon ſervice, aux Gouverneurs & ſes Lieutenans généraux dans leſdites Colonies, au Commandant de la Marine au port de Rochefort, aux Intendans, tant audit port qu'auxdites Colonies, & à tous autres Officiers qu'il appartiendra, de tenir la main & ſe conformer, chacun en droit ſoi, à l'exécution de la préſente ordonnance. FAIT à Verſailles, le premier ſeptembre mil ſept cent cinquante-deux. *Signé* LOUIS. *Et plus bas*, ROÜILLÉ.

LOUIS-AUGUSTE DE BOURBON, par la grace de Dieu, Prince ſouverain de Dombes; Comte d'Eu, Commandeur des Ordres du Roi, Colonel général des Suiſſes & Griſons, Gouverneur & Lieutenant général pour Sa Majeſté dans ſes provinces du haut & bas Languedoc.

VÛ l'ordonnance du Roi ci-attachée, rendue à Verſailles, le premier ſeptembre 1752, ſignée Louis, & plus bas, Roüillé, concernant quelques changemens que Sa Majeſté a eſtimé néceſſaire de faire à la conſtitution du régiment Suiſſe entretenu au ſervice de la Marine; & ſes intentions, tant ſur le nombre d'hommes & de compagnies dont Elle entend que ledit régiment ſoit compoſé à l'avenir, que pour le traitement qui doit être fait au ſieur Chevalier de Hallwyl qui en eſt actuellement Colonel à la place du feu ſieur Karrer: ladite ordonnance à Nous adreſſée, avec ordre de tenir la main à ſon exécution.

NOUS, en vertu de ladite ordonnance & du pouvoir à nous donné par le Roi, à cauſe de notredite charge de Colonel général des Suiſſes & Griſons, enjoignons audit ſieur Chevalier de Hallwyl Colonel dudit régiment, de tenir la main à l'exécution de ladite ordonnance; & aux Capitaines, Officiers & à tous autres qu'il appartiendra, de s'y conformer. En témoin de quoi nous avons fait expédier la préſente, ſignée de notre main, icelle fait ſceller du ſceau de nos armes, & contre-ſigner par le Secrétaire général des Suiſſes & Griſons. A Verſailles, le deux ſeptembre mil ſept cent cinquante-deux. *Signé* LOUIS-AUGUSTE DE BOURBON. *Et plus bas,* Par ſon Alteſſe Séréniſſime, DEFRANCE, en l'abſence du Secrétaire général.

CAPITULATION du régiment Suiſſe entretenu au ſervice de la Marine & des Colonies, renouvelée, pour, & au nom de Sa Majeſté, par nous Antoine-Louis Roüillé Chevalier, Comte de Jouy & de Fontaine-Guerin, Miniſtre d'état, Conſeiller du Roi en tous ſes Conſeils, Secrétaire d'état & des commandemens de Sa Majeſté, ayant le département de la Marine & des Colonies françoiſes; Et acceptée par le ſieur Jean-François de Hallwyl Colonel dudit régiment.

SA MAJESTE' voulant que la capitulation qui avoit été faite avec le feu ſieur Karrer Colonel du régiment Suiſſe entretenu au ſervice de la Marine & des Colonies, ſoit renouvelée, à l'effet de fixer le nombre d'hommes & de compagnies dont Elle entend qu'il ſoit compoſé à l'avenir, & le traitement qui doit être fait au ſieur Chevalier de Hallwyl qu'Elle a pourvû dudit régiment, il a été réglé ce qui ſuit.

ARTICLE PREMIER.

LE régiment Suiſſe de Hallwyl continuera d'être employé pour le ſervice de la Marine, ſoit dans les Colonies ou ailleurs; & ſera dorénavant compoſé de cinq compagnies, dont deux ſeront détachées à Saint-Domingue, une à la Martinique, une à la Louiſiane; & une autre, qui ſera la Colonelle, reſtera en France.

II.

CHAQUE compagnie ſera compoſée de deux cens hommes, les Officiers compris; Sa Majeſté permet néanmoins au ſieur Chevalier de Hallwyl de porter celle qui reſtera en France à trois cens hommes, les Officiers auſſi compris. Et pour lui faciliter les moyens de pourvoir aux envois de recrues qu'il aura à faire auxdites Colonies dans le courant de la préſente année & de l'année prochaine, Elle lui permet de plus, pour ledit temps ſeulement, de porter ladite compagnie juſqu'à quatre cens cinquante hommes; de manière qu'à compter du premier janvier 1754, elle ne puiſſe pas être portée au-delà dudit nombre de trois cens hommes.

III.

LA compagnie Colonelle tiendra garniſon à Rochefort, & ſes Officiers conſiſteront audit ſieur Chevalier de Hallwyl Colonel, un Major, un Aumônier, deux Capitaine-lieutenans, deux Lieutenans, deux Sous-lieutenans, deux Enſeignes; & il y aura dans ladite compagnie douze Sergens, dix-huit Caporaux, quatre Trabans, un Tambour-major, ſix Tambours & deux Fifres : & le Colonel & le Major dudit régiment ſeront de la religion Catholique, Apoſtolique & Romaine.

IV.

LES Officiers de la ſeconde compagnie dudit régiment, ainſi que ceux de la troiſième, quatrième & cinquième, conſiſteront pour chacune, en deux Capitaine-lieutenans, deux Lieutenans, deux Sous-lieutenans, deux Enſeignes; & il y aura auſſi dans chacune deſdites quatre compagnies, huit Sergens, douze Caporaux, quatre Trabans & quatre Tambours.

V.

Il y aura dans chacune deſdites cinq compagnies, un Frater, qui ſera compris dans le nombre des Soldats ; & dans les deuxième, troiſième, quatrième & cinquième compagnies, un Fifre, qui ſera pareillement compris dans le nombre des Soldats.

VI.

Les cinq compagnies dudit régiment ſeront compoſées de Suiſſes & des autres nations admiſes dans les troupes Suiſſes qui ſont à la ſolde de Sa Majeſté en France, ſans qu'il puiſſe y être admis aucuns ſujets de Sa Majeſté.

VII.

Dans les remplacemens ou vacances de places d'Officiers dans ledit régiment, le ſieur Chevalier de Hallwyl ſera tenu de propoſer les Officiers pour être agréés par Sa Majeſté; bien entendu qu'il n'en propoſera que de capables : & il ſera fait par Sa Majeſté auxdits Officiers, quand ils l'auront mérité par leurs ſervices, les mêmes graces qu'Elle accorde aux Officiers des autres régimens Suiſſes qui ſont à ſon ſervice.

VIII.

Il ſera libre audit ſieur Chevalier de Hallwyl, de faire aux Soldats deſdites compagnies, tel engagement qu'il jugera à propos, ſuivant ce qui eſt en uſage dans les troupes Suiſſes.

IX.

Il ſera payé des fonds de Sa Majeſté, audit ſieur Chevalier de Hallwyl, par les Tréſoriers généraux des Colonies, chacun en l'année de ſon exercice, ſeize livres par mois pour chacun homme ſervant dans ledit régiment; ſavoir, pour les Soldats qui composeront la compagnie Colonelle servant en France, sur les ordonnances qui en seront expédiées par l'Intendant de la Marine à Rochefort: & pour les compagnies détachées dans les différentes Colonies, le payement en sera fait sur les ordonnances qui en seront expédiées par les Intendans ou Commissaires ordonnateurs desdites Colonies, en conséquence des décomptes respectifs de chaque compagnie, qui en seront par eux arrêtés.

X.

Les payemens qui se feront auxdites Colonies, en exécution de l'article précédent, y seront faits en la monnoie ayant cours dans chacune d'icelles, aux Officiers chargés des pouvoirs dudit sieur Chevalier de Hallwyl, lesquels en fourniront leurs quittances en la forme prescrite. Comme lesdits payemens excéderont le montant des appointemens & de la solde que ledit sieur Chevalier de Hallwyl aura à faire payer aux Officiers & Soldats détachés auxdites Colonies, & que cet excédant devra être remis audit sieur Chevalier de Hallwyl par lesdits Officiers chargés de ses pouvoirs, Sa Majesté, en cas de perte ou prise des bâtimens sur lesquels ces remises seront faites en espèces, en tiendra compte audit sieur Chevalier de Hallwyl; à l'effet de quoi il sera dressé procès-verbal de l'embarquement desdites espèces, dans la forme qui sera réglée ci-après pour l'embarquement des hardes que ledit sieur Chevalier de Hallwyl aura à envoyer de France aux Colonies. Sa Majesté lui fera payer aussi tous les mois en France, sur les ordonnances de l'Intendant de Rochefort, une somme de quatre cens cinquante livres par compagnie détachée dans lesdites isles de la Martinique & Saint-Domingue, pour le dédommager de la différence en valeur des espèces ayant cours dans lesdites isles, & de l'argent de France.

X I.

Les seize livres par mois pour chacun homme, ne seront

payées que pour les effectifs, suivant les revûes qui en seront faites ; & cependant, attendu que les cinq compagnies dudit régiment seront composées d'un plus grand nombre d'Officiers que les autres compagnies Suisses qui sont au service de Sa Majesté, il sera payé audit sieur Chevalier de Hallwyl, en France, & sur les ordonnances de l'Intendant de Rochefort, deux cens vingt payes de gratification, à raison de quatre-vingt payes pour la compagnie Colonelle, & de trente-cinq payes pour chacune des quatre autres compagnies, & sur le pied de seize livres par chaque paye ; bien entendu que lesdites compagnies seront entretenues complètes, & qu'à mesure qu'il manquera des Soldats dans les Colonies, le sieur Chevalier de Hallwyl aura soin d'y en faire passer le nombre suffisant pour les compléter, sur les ordres qui lui en seront donnés par le Secrétaire d'état ayant le département de la Marine : & dans le cas où la compagnie Colonelle se trouveroit au dessous de cent cinquante hommes, il ne sera payé pour ladite compagnie, que cinquante-quatre payes de gratification, & le nombre des effectifs en sera arrêté chaque mois.

XII.

Les recrues qui seront faites pour les compagnies servant dans les Colonies, ne feront nombre que dans la compagnie Colonelle, & à compter du jour de leur arrivée à Rochefort. Feront pareillement nombre dans ladite compagnie, les Soldats des compagnies servant aux Colonies, congédiés, jusqu'au jour que leur solde aura cessé.

XIII.

Les Officiers des compagnies seront passés présens pendant le temps de leur absence par congé ; mais lorsque le terme de leur congé sera expiré, il sera déduit huit payes pour le Major, pareille nombre de payes pour le Capitaine-lieutenant, six payes pour le Lieutenant, quatre payes pour le Sous-lieutenant, trois payes pour l'Enseigne, & deux payes pour l'Aumônier.

XIV.

XIV.

Il sera payé année par année, audit sieur Chevalier de Hallwyl, par lesdits Trésoriers généraux des Colonies, sur les ordonnances de l'Intendant de la Marine à Rochefort, la somme de sept cens cinquante livres par chacune compagnie dudit régiment, pour servir d'étape aux recrues desdites compagnies, & une somme de sept cens livres pour le loyer d'un magasin à Rochefort, à l'effet d'y mettre les habits, armes & hardes des compagnies dudit régiment.

XV.

Il sera payé audit sieur Chevalier de Hallwyl, sur une ordonnance particulière de l'Intendant de Rochefort, par le Trésorier général des Colonies en exercice la présente année, une somme de sept mille cinq cens livres pour tous frais de levée & d'étape des hommes nécessaires pour l'augmentation à faire dans ledit régiment, pour le mettre sur le pied ci-dessus desdites cinq compagnies.

XVI.

L'exploitation dudit régiment sera pour le compte du sieur Chevalier de Hallwyl, à compter du jour de la mort du feu sieur Karrer dernier Colonel; & ce, sur le pied de la capitulation faite avec ledit sieur Karrer jusqu'à ce jour que doit commencer l'exécution de la présente capitulation: ledit sieur Chevalier de Hallwyl s'arrangera en conséquence avec le tuteur des enfans héritiers dudit feu sieur Karrer, tant sur la valeur des effets qui se sont trouvés à la mort de ce dernier, dans ses magasins, & qui depuis ont été consommés en tout ou en partie pour l'entretien dudit régiment, ou délivrés aux Soldats pour le compte du Colonel, que pour l'objet du débet de chaque Soldat envers le Colonel, déduction faite de ce qui pourra être dû aux Soldats; à l'effet de tenir compte par ledit sieur Chevalier de Hallwyl, auxdits enfans, du montant desdits effets &

desdits débets, suivant l'arrangement qui sera fait sur l'un & l'autre objet. Ledit sieur Chevalier de Hallwyl se soûmet de payer de plus auxdits enfans, ou à leur tuteur, dans les termes qui seront convenus, une somme de trente mille livres, en considération des frais faits par ledit sieur Karrer leur grand-père, pour la levée & formation dudit régiment, dont il a été le premier Colonel, & par ledit sieur Karrer leur père, pour le soûtien dudit régiment, sur-tout dans la dernière guerre, durant laquelle il a été obligé de faire des recrûes nombreuses pour remplacer les pertes que le régiment avoit souffertes; & ledit sieur Chevalier de Hallwyl sera tenu en outre de payer & acquitter les dettes contractées pour l'entretien dudit régiment, depuis la mort dudit sieur Karrer dernier Colonel, jusqu'à ce jour.

XVII.

Les compagnies & détachemens destinés pour les Colonies, seront passés *gratis* sur les vaisseaux de Sa Majesté, & pendant la traversée ils auront la subsistance aux dépens de Sa Majesté, comme les troupes françoises; & pareil passage avec la subsistance, sera donné *gratis* sur les mêmes vaisseaux de Sa Majesté, à quelques-unes des femmes des Soldats qui seront mariés & qui tiendront garnison dans lesdites Colonies, en sorte cependant qu'il ne se trouve pas plus de six femmes à la suite de chacune desdites compagnies servant aux Colonies, quatre femmes à la suite du détachement composé de cent cinquante hommes, & trois femmes à la suite de celui composé seulement de cent hommes; & il sera payé des fonds de Sa Majesté à chacune desdites femmes, la somme de quarante-cinq livres avant leur départ, par les Trésoriers généraux des Colonies, chacun en l'année de leur exercice, sur les ordonnances de l'Intendant du port de Rochefort.

XVIII.

Il sera donné le fret *gratis* sur les vaisseaux de Sa Majesté, pour l'habillement, armes & hardes qui seront nécessaires aux compagnies & détachemens servant dans les Colonies; & le sieur Chevalier de Hallwyl sera tenu de remettre à l'Intendant de Rochefort, lors de chaque envoi qu'il aura à faire dans les Colonies, l'état certifié de lui, des hardes, armes & ustensiles qu'il aura à y faire passer.

X I X.

Il sera dressé procès-verbal de l'embarquement dudit habillement, armes & hardes; & en cas de perte, Sa Majesté les remplacera audit sieur Chevalier de Hallwyl.

X X.

Il sera donné dans lesdites Colonies, aux Officiers dudit régiment commandant les compagnies & détachemens y servant, un magasin convenable pour y mettre les armes, hardes & habillemens des compagnies & détachemens dudit régiment qui y tiendront garnison; & en cas que lesdits magasins n'appartiennent pas à Sa Majesté, les loyers en seront payés de ses deniers, suivant la convention qui en aura été faite par l'Intendant ou Commissaire ordonnateur, & les ordonnances qui en seront par eux expédiées à cet effet.

X X I.

Il sera fourni des magasins de Sa Majesté aux compagnies & détachemens qui serviront dans les Colonies, les mêmes vivres qui seront fournis aux Soldats françois, & au même prix réglé ci-devant, lequel sera retenu audit sieur Chevalier de Hallwyl, sur les seize livres qui leur seront payées par Soldat; & attendu que les Officiers font nombre d'hommes dans lesdites compagnies, il sera libre à chacun d'eux de prendre une ration comme le Soldat, & au même prix, lequel sera retenu ainsi qu'il est dit ci-dessus.

X X I I.

Les Soldats des compagnies dudit régiment, malades ou blessés, qui voudront être traités dans les hôpitaux de la

Marine ou des Colonies, continueront d'y être reçûs par les ordres de l'Intendant ou du Commiſſaire qui y eſt préposé.

XXIII.

Il ſera retenu audit ſieur Chevalier de Hallwyl, ſur la ſolde dudit régiment, pour chacun Soldat qui ſera malade dans l'hôpital de Rochefort, la même ſolde par jour qui eſt retenue pour chaque Soldat des compagnies de Marine malade audit hôpital.

XXIV.

Il ſera auſſi retenu audit ſieur Chevalier de Hallwyl, pour les Soldats dudit régiment qui ſeront malades dans les hôpitaux des colonies de Saint-Domingue & de la Martinique, la ration en farine qui auroit dû être délivrée des magaſins de Sa Majeſté auxdits Soldats ; & leſdites rations ſeront remiſes auxdits hôpitaux, auxquels ledit ſieur Chevalier de Hallwyl payera en outre deux ſols par jour pour chaque Soldat dudit régiment qui aura été traité auxdits hôpitaux.

XXV.

Il ſera retenu audit ſieur Chevalier de Hallwyl pour les Soldats dudit régiment qui ſeront en garniſon à la Louiſiane, & qui ſeront traités à l'hôpital dudit lieu, la même choſe en vivres & en argent, qui ſera retenue pour les Soldats des troupes françoiſes qui y ſeront en garniſon, & qui ſeront traités dans le même hôpital.

XXVI.

Il ſera libre aux Officiers des compagnies dudit régiment, de ſe marier & de s'établir dans les Colonies où ils tiendront garniſon, après en avoir pris la permiſſion du Gouverneur Lieutenant général, ou du Gouverneur particulier commandant en ſon abſence, laquelle lui ſera demandée par l'Officier y commandant les troupes Suiſſes; & ladite permiſſion leur ſera accordée en cas que le parti qu'ils trouveront leur ſoit avantageux.

XXVII.

La justice sera exercée dans ledit régiment comme elle l'a été jusqu'à présent, sur le même pied qu'elle est administrée dans les troupes Suisses qui sont à la solde de Sa Majesté; seront cependant tenus les Commandans des compagnies détachées dans les Colonies, de rendre compte aux Gouverneurs ou Commandans dans lesdites Colonies, de tous délits militaires & autres, & des jugemens qui seront rendus, même des punitions qui pourront être ordonnées pour les fautes qui ne demanderont pas un jugement; & quant aux délits dans lesquels les habitans desdites Colonies se trouveront impliqués, ainsi que par rapport à toutes actions civiles, tant en demandant qu'en défendant, la connoissance en appartiendra aux Juges des lieux.

XXVIII.

Il sera donné par les Gouverneurs & Intendans, des concessions de terres dans les lieux où il y en aura encore à donner, aux Soldats qui voudront s'établir après l'expiration de leur engagement, dans les Colonies où ils auront tenu garnison; & il sera payé des deniers de Sa Majesté, à ceux qui se marieront, en s'établissant, pour les mettre en état de commencer leur établissement & la culture de leurs terres, une somme de trois cens livres, à raison de cent livres par an, pendant les trois premières années de leur établissement, à la fin de chaque année.

XXIX.

Les Soldats qui ne voudront pas se faire habitans après l'expiration de leur engagement, seront repassés en France *gratis,* sur les vaisseaux de Sa Majesté, & leur solde leur sera payée pendant leur retour, & un mois après qu'ils auront débarqué; laquelle solde, ainsi que celle qui pourroit être donnée d'avance aux Soldats qui seront envoyés dans les Colonies, sera imputée sur la compagnie Colonelle.

XXX.

Les Officiers & Soldats dudit régiment, qui deviendront par leurs blessures ou leur invalidité, hors d'état d'y continuer leurs services, seront admis au nombre des Invalides de la Marine, ainsi & de même que ceux des troupes entretenues dans la Marine & dans les Colonies.

XXXI.

Les Soldats détachés dans les Colonies, auront la liberté de porter leurs plaintes au Commissaire qui les passera en revûe, sur les différens objets dans lesquels ils se croiront lésés, soit par rapport à leur solde, à leur subsistance ou autrement; & pour cet effet le Commissaire, lors de sa revûe, fera battre un ban pour en prévenir les Soldats: & sur le compte qui sera rendu desdites plaintes par les Gouverneurs, Commandans, Intendans ou Commissaires ordonnateurs, il sera ordonné par Sa Majesté ce qu'il appartiendra. Fait à Versailles, le premier septembre mil sept cent cinquante-deux. *Signé* Roüillé, & Chevalier de Hallwyl.

A PARIS, DE L'IMPRIMERIE ROYALE. 1753.

www.ingramcontent.com/pod-product-compliance
Lightning Source LLC
LaVergne TN
LVHW010311230826
846091LV00007B/3100